NATIONAL GEOGRAPHIC

D0584255

RÍOS RESCATADOS

EDICIÓN PATHFINDER

Por Greta Gilbert

CONTENIDO

Recorridos serpenteantes

Esta es una historia sobre ríos: ríos grandes, ríos largos, ríos solitarios y ríos pujantes. Es también una historia acerca de las plantas, los animales y las personas que dependen de ellos.

TAL VEZ TÚ seas una de esas personas. Eso es porque en los Estados Unidos, el 80 por ciento del agua que utiliza la gente proviene de lagos y ríos. Los ríos ayudan a regar los cultivos, enfriar las máquinas e incluso a crear energía. Eso significa que cuando te lavas las manos, comes un durazno o simplemente enciendes las luces, tal vez sea gracias a un río.

Estados Unidos es un país afortunado. A través del país fluyen muchos grandes ríos, y el agua potable es relativamente copiosa o abundante. Existe un problema, sin embargo. El agua potable no está distribuida uniformemente. En algunas regiones del país hay mucha, y son comunes las inundaciones. En otras regiones, a menudo no hay suficiente agua potable para satisfacer las necesidades de la gente.

A través de la historia, los habitantes de los Estados Unidos han modificado, o alterado, los ríos para ayudar a resolver este problema de disponibilidad y distribución. Algunos de los cambios que la gente ha hecho en los ríos son sorprendentes. Otros son directamente impactantes. Continúa leyendo para descubrir algunos de los giros y virajes en la serpenteante historia de los ríos de los EE.UU.

Por Greta Gilbert

Un río grande
EL MISSISSIPPI

Una vez el escritor Mark Twain afirmó: "El Mississippi siempre seguirá su propio camino; ninguna obra de ingeniería lo persuadirá a cambiarlo". Él vivió en el siglo XIX, una época en la que el río más grande de Norteamérica, el Mississippi, era considerado salvaje e impredecible. ¿Por qué? En una palabra: inundaciones.

Las inundaciones del Mississippi son legendarias. Una vez el agua se derramó sobre los bosques circundantes por cientos de millas. "Fue un espectáculo magnífico para contemplar", escribió un antiguo explorador. "No se veía nada, excepto las agujas de los pinos y las ramas de los árboles más altos".

Las inundaciones regaron la tierra, y también la nutrieron. Flotando en las aguas de la inundación había pequeños trozos de tierra y materiales en descomposición. Estos materiales, denominados **sedimentos**, alimentaron las plantas y los animales pequeños. Los pequeños animales crecieron y alimentaron a los animales más grandes: ciervos, pavos salvajes, bisontes y hasta caimanes. Toda esta abundancia natural pronto atrajo también a los agricultores.

Muchos agricultores se asentaron en estas **llanuras aluviales** del Mississippi y sus **afluentes**.

No podían creer en su suerte. Los suelos eran muy ricos, y los cultivos crecían fácilmente.

Los agricultores talaron los bosques que rodeaban el río. Drenaron los **cenagales** para dar cabida a más granjas. ¿Qué hicieron con las inundaciones? Construyeron **diques** o terraplenes de tierra que corrían a lo largo del río.

Estos diques ayudaron generalmente a controlar las inundaciones. Pero con más gente y menos cenagales para ayudar a absorber las inundaciones, a través de los años las inundaciones se tornaron más perjudiciales. Entonces, en 1993, el Mississippi produjo una inundación enorme. Se tragó pueblos enteros e hizo más daño que cualquier otra inundación en la historia de los EE.UU.

La inundación del Mississippi de 1993 sorprendió a mucha gente. Los hizo considerar cómo podría haberse reducido su impacto.

En la actualidad, la gente está trabajando duro para restaurar los cenagales naturales de los alrededores del Mississippi. Saben que al hacerlo, no solo se ayudan a sí mismos; también ayudan a todos los seres vivos que dependen del río.

En 1993, e río Mississip desbordó su diques e in el territorio.

Las represas como esta, en el río Missouri, protegen a la gente de las inundaciones.

Un río largo
EL MISSOURI

A medida que la gente fue poblando el oeste de los Estados Unidos, mucha siguió la ruta de Lewis y Clark. Esa ruta corría a lo largo del trazado sinuoso del río más largo de los Estados Unidos, el Missouri.

Al igual que el Mississippi, el Missouri es un río caprichoso, impredecible. Durante sus inundaciones de primavera, el río erosiona sus propias riberas blandas, causando su colapso. El agua naturalmente lodosa que se genera le ha ganado al Missouri el apodo de "Mo lodoso".

El "lodo" del agua de Missouri es en realidad sedimentos. Las plantas y los animales del ecosistema del río los necesitan para sobrevivir. Uno de esos animales, el pez espátula, es un gigantesco pez de río que tiene una boca similar a un cubo y una nariz similar a la cola de un castor.

También conocido como "barbo cuchareta", el pez espátula tiene receptores en la parte inferior de su hocico. Estos le ayudan a detectar pequeños animales que viven en el agua turbia del río. Con su gigantesca boca abierta, recoge estos animales para alimentarse. A través del tiempo, un pez espátula adulto puede crecer hasta más de seis pies de largo y pesar más de 200 libras. ¡Ese sí que es un pez grande!

La población actual de peces espátula es de solo el 10 al 20 por ciento de lo que era cuando Lewis y Clark navegaron el Missouri a remo. ¿Por qué? Las represas son una de las causas. A través de los años, se han construido a lo largo del Missouri muchas grandes represas. Al igual que los diques, las represas ayudan a la gente. Controlan las inundaciones y almacenan el agua para uso de la gente. Sin embargo, las represas también reducen el hábitat del pez espátula. Hacen que el agua del río fluya rápidamente. Esto lava el agua lodosa calma donde se alimentan los peces espátula.

Afortunadamente, la gente está trabajando para salvar a los peces espátula y el hábitat fluvial del cual dependen. Se han creado zonas de cría protegidas en la región superior del Missouri y en el río Yellowstone, y se está restaurando el hábitat ribereño.

Cambios como estos ayudan a asegurar un futuro para este embajador de boca ancha de algunos de los ríos más grandes de los Estados Unidos, incluido el Missouri.

Pez espátula

5

Un río solitario

EL COLORADO

Alguna gente que se desplazaba hacia el Oeste optó por seguir una ruta suroeste. Esa ruta atravesaba la región más seca e inhóspita de los Estados Unidos, el Suroeste desierto.

En 1869, el explorador del Oeste John Wesley Powell y su equipo se encontraron en el corazón de esta escarpada región. Quedaron atrapados en el cañón más profundo y aislado que jamás habían visto. Su única salida era un río con rápidos tan grandes como edificios de tres pisos.

Ese cañón era el Gran Cañón, y el río era el Colorado. En aquel entonces, el Colorado corría salvaje y sin interrupciones hacia el mar. Junto con sus afluentes, era el solitario recurso vital de la región, conocida como la Provincia de la Meseta. Incluía partes de Colorado, Utah, Arizona, Nuevo México y Nevada.

El viaje de Powell confirmó lo que muchos colonos habían temido. Cualquier agricultor que deseara ganarse la vida en esa región necesitaría una gran cantidad de tierra y mucha agua. Incluso así, las cosechas serían escasas y la vida sería difícil.

Si Powell volviera a visitar el Suroeste desierto hoy en día, se sorprendería. Donde una vez hubo un desierto polvoriento hoy florecen campos de color verde. Donde antes había campos de cactus ahora prosperan las ciudades. Y a lo largo de la mayor parte del río Colorado hay **embalses** en lugar de rápidos.

Gracias a las represas a lo largo del río Colorado y sus afluentes, el terreno más hostil de los Estados Unidos es ahora uno de los más productivos. Sin embargo, igual no hay agua suficiente para satisfacer las necesidades de todos. En algunos años, por ejemplo, la gente saca tanta agua del Colorado que este deja de fluir antes de llegar al mar.

La buena noticia es que la gente que vive en el Suroeste desierto está trabajando duro para vivir de acuerdo a los límites del Colorado. Al conservar su agua, están respetando su recurso vital solitario y protegiéndolo.

La represa de Glen Canyon, en el río Colorado, crea el lago Powell.

El río Columbia corre impetuoso a través de un desaguadero en la represa de Bonneville.

VOCABULARIO

afluente: arroyo o río que desemboca en un río más grande

cenagal: área que se cubre a menudo de agua

dique: muro de tierra utilizado para prevenir inundaciones

embalse: lago que se utiliza para almacenar agua antes de que la gente la use

llanura aluvial: área que se cubre de agua cuando un río se desborda

sedimento: trozos de tierra y plantas depositados por el agua de un río

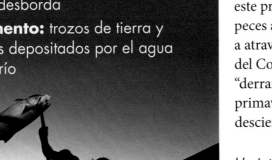

Un río pujante
EL COLUMBIA

Las represas no solo almacenan agua para la gente y ayudan a controlar las inundaciones. También pueden generar energía. El presidente Franklin Roosevelt lo sabía. Cuando visitó el río Columbia, dijo que era terrible ver correr tanta agua hacia el mar. Quería en cambio utilizar esa agua para producir energía.

Y con razón. El Columbia es el río más potente de los Estados Unidos. Fluye a toda velocidad desde las Montañas Rocosas canadienses, con una fuerza increíble. Comparado con otros ríos, el río Columbia es muy empinado y esa inclinación le otorga mucha energía.

Esa energía no es un problema para un pez resistente e incansable denominado salmón. Nacido en la grava de los fríos arroyos de montaña, el salmón del Columbia emigra miles de millas hacia el océano. Luego, al final de su vida, retorna al Columbia a desovar, o reproducirse.

Nadar contra la corriente del Columbia para desovar no es nada sencillo. En el pasado, el caudal del río alcanzaba un máximo de 1.240.000 pies cúbicos por segundo. ¡Esa es una cantidad increíble de energía! La represa Grand Coulee del río Columbia se terminó en 1942 para capturar esa energía. Esa represa genera suficiente energía eléctrica para abastecer cada año a 2,3 millones de hogares.

La represa fue una buena noticia para la gente, pero una mala noticia para el salmón. Los peces no podían atravesar la represa para desovar. Hoy en día, el número de salmones presentes en el río Columbia es el tres por ciento de lo que era antes de que fuera construida la represa Grand Coulee.

La gente está trabajando duro para solucionar este problema. Se han instalado escaleras para peces a fin de ayudar a los salmones que retornan a atravesar las muchas represas que hay a lo largo del Columbia y sus afluentes. Además, se realizan "derrames" programados sobre las represas en la primavera para ayudar a los salmones jóvenes que descienden por el río hacia el mar.

Un integrante de los yakima pesca salmones en el río Columbia.

Ríos transformados

La gente no solo modifica los ríos con diques y represas. En California, por ejemplo, los ríos han sido completamente transformados.

¿Por qué? La razón es simple. La mayor parte del agua en California está en la parte norte del estado, mientras que la mayoría de la gente y las granjas están en la parte sur.

Para resolver este problema, los californianos confían en dos ríos caudalosos: el Sacramento y el San Joaquín. Mediante un complejo sistema de bombas y tuberías, gran parte del agua es drenada en el centro del estado. Desde allí, los ríos comienzan su travesía hacia el Sur junto con ríos artificiales tales como el Acueducto de California.

Estas carreteras fluviales proporcionan agua a más de 25 millones de personas desde San Francisco a San Diego, para beber, lavar, regar las plantas y dar de beber a los animales. También permiten el cultivo de millones de acres de tierra, lo que a su vez permite a los granjeros de California producir la mitad de las frutas, frutas secas y verduras del país.

Sin embargo, no hay agua suficiente para las personas de California, y estas continúan buscando nuevas maneras de obtener agua, así como formas de conservar el agua que tienen.

El Acueducto de California lleva el agua a la parte sur del estado.

El agua del delta proviene de los ríos Sacramento y San Joaquín.

1 *En el centro de esta foto histórica está la represa Steele's Mill.*

2 *La represa Steele's Mill se demuele.*

3 *La represa de Steele's Mill ya no está más, y el arroyo Hitchcock hoy corre libremente.*

La historia continúa

Hoy en día, la gente está aprendiendo más sobre la importancia de los ecosistemas fluviales. También está comenzando a aceptar que la modificación o alteración de los ríos no puede resolver todos sus problemas de distribución de agua.

Una manera en que la gente está trabajando para proteger los ríos es tratar de usar menos agua. En Las Vegas, Nevada, por ejemplo, la gente recibe dinero si sustituye sus jardines ávidos de agua por plantas nativas conservadoras del agua. En muchas otras ciudades, la gente es recompensada por la instalación en sus casas de retretes y duchas de bajo consumo.

Además, los granjeros están instalando sistemas de riego subterráneos por "goteo" más eficientes y sembrando cultivos que requieren menos agua.

Finalmente, se están restaurando los cenagales de todos los EE.UU. En Florida, por ejemplo, los ingenieros están trabajando para restaurar el río Kissimmee. Este fluye hacia el Sur desde el centro del estado y alimenta a los Everglades, uno de los hábitats de vida silvestre más importantes de los Estados Unidos.

En Nueva York y California, la gente ha decidido gastar dinero en restaurar los cenagales en lugar de añadir más plantas de tratamiento de agua. Se ha dado cuenta de que los cenagales harán igual de bien el trabajo, de manera natural.

En todos los Estados Unidos, los niños también están aprendiendo sobre los ríos. Miles de niños participan en programas "Adopta un río" y en actividades de limpieza de ríos en todo el país. Como se ve, la historia de los ríos de los Estados Unidos no ha terminado. La nueva generación deberá escribir el próximo capítulo. Esa es una buena noticia para este país. Y es una buena noticia para los ríos.

La gente trabaja para restaurar los cenagales donde el río Mississippi llega al Golfo de México.

Restaurando RÍOS

Esta escalera para peces ayuda a los salmones a atravesar la represa de Bonneville cuando nadan río arriba para desovar.

La gente y las empresas de las cercanías de Las Vegas están sustituyendo el césped con plantas nativas del desierto. Como recompensa reciben dinero. También ahorran agua del río Colorado.

Numerosos grupos están trabajando a lo largo del río Grande para restaurar los cenagales y las zonas forestales de la ribera, denominadas bosques. Estos proyectos proporcionan un hábitat importante para las especies nativas de peces y aves que vienen a pasar el invierno, entre ellas la grulla canadiense.

Río Columbia

Río Colorado

Río Grande

WA

OR

NV

CA

AZ

NM

En todos los Estados Unidos la gente está ayudando a restaurar los ríos. Echa un vistazo a algunos de los proyectos que están realizando.

Río Bronx

NY

La gente limpia la basura y retira las especies de plantas invasoras a lo largo del río de Bronx en Nueva York. También restaura las plantas nativas y supervisa el estado del río. ¡En 2007 se vio a un castor viviendo en el río por primera vez en 200 años! Un segundo castor se le unió en 2010.

Río Kissimmee

FL

Desde que comenzó la restauración de la llanura aluvial del río Kissimmee en 1999, han retornado las plantas de los cenagales y la cantidad de zancudas y de aves acuáticas se ha incrementado.

Agua para la vida

¡Responde estas preguntas para ayudar a mantener los ríos fluyendo!

1 ¿Cómo aportan beneficios e inconvenientes los desbordes del río Mississippi?

2 ¿Cómo afectan las represas del río Missouri el hábitat de los peces espátula?

3 ¿Por qué en algunos años el río Colorado no llega a fluir hasta el mar?

4 ¿Cuáles son las ideas más importantes en el artículo sobre el salmón?

5 ¿Cómo están ayudando los proyectos de restauración de los ríos a proteger las plantas y los animales que dependen de los hábitats de los ríos?